2€

Isabelle Grégor

Tous en selle !

herodote.net

Dans la même collection

Les femmes à travers l'Histoire
GRÉGOR (Isabelle) et LARANÉ (André)

En couverture : Paulus Potter, *Le Cheval pie*, 1650-1654, huile sur toile, Groninger Museum – The East Pavilion.

141, rue Raymond-Losserand
75014 PARIS

herodote@herodote.net
www.herodote.net

ISBN 978-2-37184-028-7

Sommaire

Chevaux de la grotte Chauvet (Ardèche), peintures et gravure au doigt, vers 30 000 avant J.-C.

Le cheval, mythes et symboles

Il est, a dit Buffon, la plus noble conquête de l'homme. Comment en effet ne pas voir dans le cheval ce compagnon indispensable de tant de sociétés, apprécié à la fois pour ses qualités de travailleur, de combattant et de sportif?

Il est temps d'en savoir plus sur ce quadrupède qui court à nos côtés depuis des millénaires. En selle!

Cavaler sur les murs

Dès la préhistoire, le cheval est une star! Mais il lui a déjà fallu des millénaires pour se faire une beauté: ses ancêtres les plus lointains, apparus il y a quelque 50 millions d'années, ne dépassaient pas en effet la taille d'un chien et possédaient des pieds griffus qui le handicapaient en cas de fuite.

La famille des équidés prend l'apparence que nous lui connaissons, à quelques détails près, il y a seulement 4 millions d'années. On peut en avoir une idée en observant son cousin le cheval de Przewalski, baptisé du nom du colonel russe qui le découvrit en Mongolie à la fin du XIXe siècle.

Petit mais robuste, le cheval du paléolithique est vite repéré par les groupes d'hommes qui apprécient son élégance, son absence d'agressivité et ses 150 kilogrammes de viande.

Les chasseurs s'en donnent à cœur joie comme à Solutré (Bourgogne) où ils le piègent au pied de la célèbre roche, laissant aux rêveurs la légende de chevaux paniqués poussés dans le vide.

Devenu une proie privilégiée avec l'invention de l'arme redoutable du propulseur et élevé au rang de symbole de virilité, il est donc logique qu'il représente à lui seul près de 27 % des peintures animales dans les grottes ornées. Le culte ne fait que commencer.

Fini, la liberté !

Vers 5 000 av. J.-C., on commence à considérer d'un autre œil ce cavaleur. Vaches, chèvres, cochons et poules ont déjà rejoint les enclos, pourquoi ne pas en faire de même avec le cheval ?

Gourmand et curieux, il va se laisser domestiquer du côté de l'Ukraine par ces hommes qui rêvent d'acquérir sa puissance et commencent à effectuer des sélections, le faisant passer du statut de gibier à celui d'animal d'élevage.

Source de nourriture, il acquiert aussi rapidement une dimension religieuse comme en témoigne sa présence dans les rites funéraires, par exemple sur les bords de la mer Noire.

Mais c'est surtout en tant que force de travail qu'il trouve sa place

Statue de cheval, dynastie des Han, de 206 à 200 av. J.-C., Paris, musée Guimet.

Écuyer conduisant des chevaux, bas-relief du palais de Khorsabad, Assyrie, XIIIe av. J.C.

dans les sociétés en construction d'un bout à l'autre du continent eurasien.

A-t-il commencé par tirer les chariots ou par servir de monture ? Le débat n'est pas clos, mais il est certain que cela n'a pu se faire sans le développement des technologies nécessaires, à l'âge du bronze.

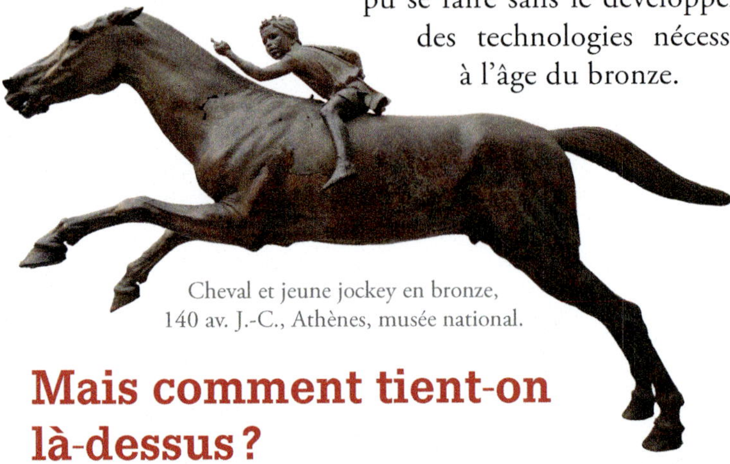

Cheval et jeune jockey en bronze,
140 av. J.-C., Athènes, musée national.

Mais comment tient-on là-dessus ?

Il faudrait chercher du côté de Babylone, celui qui, le premier, eut l'idée saugrenue de monter sur le dos d'un cheval. On peut imaginer cependant que l'innovation n'eut pas beaucoup de succès, faute du matériel adéquat pour tenir l'équilibre.

Pendant des siècles on s'accrocha comme on put à l'animal ; les plus grands conquérants, comme Alexandre ou César, devaient en effet s'installer à califourchon sur un tapis et s'en remettre aux rênes et au mors, nés à l'âge du fer, au Ier millénaire av. J.-C.

Les Scythes eux-mêmes (VIIe siècle av. J.-C.), pourtant connus pour leur adresse de cavaliers, ne parvenaient à décocher leurs flèches que grâce à une extrême prise de risque.

La statue équestre de Gengis Khan en acier inoxydable de 30 mètres, érigée en 2008 à Tsonjin Boldog (Mongolie).

Mosaïque d'Alexandre, maison du Faune à Pompéi, Ier siècle, Naples, Musée archéologique.

Mais rien ne pouvait arrêter ces éleveurs nomades qui semblaient être nés à cheval, à l'exemple de leurs cousins russes les Sarmates, inspirateurs de la légende des terribles Amazones.

Les problèmes techniques ne s'estompèrent que peu avant le début de notre ère avec l'invention de la selle, suivie de peu par celle des étriers dans l'empire kouchan, au nord de l'Inde.

Les Huns s'en emparent au IVe siècle et, désormais plus libres de leurs mouvements, partent à la conquête du monde.

« Là où passe mon cheval, l'herbe ne repousse pas ! »

Cette phrase attribuée à Attila, fier de son fougueux Balamer, reflète bien la terreur qui accompagne désormais les hordes de cavaliers.

Qu'ils viennent comme lui des plaines du Danube, ou de plus loin, de Mongolie (Gengis Khan, XIIe siècle) ou d'Ouzbékistan (Tamerlan, XIVe siècle), l'image du nomade et de sa monture, associés pour le pire, est désormais entrée dans les esprits.

Le cheval qui avait peur de son ombre

C'est l'histoire d'un jeune homme plein de promesses qui sait parler aux chevaux :

« Philonicus le Thessalien amena un jour à Philippe [de Macédoine] un cheval nommé Bucéphale, qu'il voulait vendre treize talents. On descendit dans la plaine, pour essayer le cheval ; mais on le trouva difficile, et complètement rebours : il n'acceptait pas que personne le montât ; il ne pouvait supporter la voix d'aucun des écuyers de Philippe, et se cabrait contre tous ceux qui voulaient l'approcher. Philippe, mécontent, ordonna qu'on le remmenât, persuadé qu'on ne tirerait rien d'une bête si sauvage, et qu'on ne la saurait dompter. "Quel cheval ils perdent là !" s'écrie Alexandre, qui était présent ; c'est par inexpérience et timidité qu'ils n'en ont pu venir à bout [...].

« Alexandre s'approche du cheval, prend les rênes et lui tourne la tête en face du soleil, ayant observé apparemment qu'il était effarouché par son ombre, qui tombait devant lui et suivait tous ses mouvements. Tant qu'il le vit souffler de colère, il le flatta doucement de la voix et de la main ; ensuite, laissant couler son manteau à terre, il s'élance d'un saut léger, et l'enfourche en maître. D'abord il se contente de lui tenir la bride haute, sans le frapper ni le harceler ; mais, sitôt qu'il s'aperçoit que le cheval a rabattu de ses menaces et qu'il ne demande plus qu'à courir, alors il baisse la main, et le lâche à toute bride, en lui parlant d'une voix plus rude et en le frappant du talon. Philippe et tous les assistants regardaient d'abord avec une inquiétude mortelle, et dans un profond silence ; mais, quand Alexandre tourna bride, sans embarras, et revint la tête haute et tout fier de son exploit, tous les spectateurs le couvrirent de leurs applaudissements. Quant au père, il en versa, dit-on, des larmes de joie ; et, lorsque Alexandre fut descendu de cheval, il le baisa au front : "Ô mon fils ! dit-il, cherche un royaume qui soit digne de toi ; la Macédoine n'est pas à ta mesure." »

Plutarque, *Vie des hommes illustres*, t. III, Ier siècle.

Enluminures extraites des *Chroniques sire Jehan Froissart*, XIVe-XVe siècles. Elles retracent les conflits qui opposent la France et l'Angleterre entre 1327 et 1400.

Les amazones à la torture

Au Moyen Âge, qu'elle soit paysanne ou noble, la femme elle aussi a profité du dos accueillant des ânes et chevaux pour se déplacer. Ce ne fut d'ailleurs pas sans poser problème puisqu'on lui interdit de monter comme un homme.

Il n'est pas question qu'elle vole à son compagnon son image de puissance et de liberté ! Et ne dit-on pas qu'elle risque d'y perdre sa virginité ?

Du coup, rares sont celles qui osent se montrer à califourchon à moins de faire oublier leur féminité derrière une image de guerrière, à l'exemple de Jeanne d'Arc.

Pour éviter d'avoir à adopter la tenue masculine qui valut à la sainte le bûcher, les cavalières vont prendre l'habitude de monter en gardant les deux jambes du même côté, sur une sorte de fauteuil (la sambue) ou les pieds sur une planchette, les jambes ainsi cachées sous leurs jupes.

Cette position dangereuse, fort peu confortable et ne permettant pas de guider l'animal, ne fut améliorée que vers 1540 avec l'apparition de la position à l'amazone.

D'après la légende, elle aurait été rapportée d'Italie par Catherine de Médicis qui n'hésita pas à participer à cheval au siège du Havre (1563).

L'historien Antoine Varillas assure que cette mode n'était pour la reine qu'un moyen discret de mettre en valeur sa féminité :

> « Le beau tour de ses jambes lui faisait plaisir à porter des bas de soie bien tirés [...] et ce fut pour les

montrer qu'elle inventa la mode de mettre une jambe sur le pommeau de la selle en allant sur des haquenées [juments dociles] au lieu d'aller à la planchette. »

Histoire de France, 1683.

Désormais plus stable, la cavalière pouvait participer à ces activités sociales que sont chasse et art équestre et ne s'en priva pas, notamment au XIXe siècle de l'amazone.

Ce n'est qu'en 1930 que ces dames obtinrent le droit de porter le pantalon pour répondre au succès du vélo, ce concurrent du cheval, et purent enfin chevaucher sans être totalement tordues ! Pas rancunières, elles représentent aujourd'hui près de 80 % des adeptes de l'équitation.

Bien-aimés Centaures

Pour les peuples sédentaires de l'Antiquité, le cheval n'a guère finalement qu'une utilité limitée : faute d'attelage efficace, on lui épargne les travaux agricoles pour l'envoyer plutôt sur les champs de bataille ou à la chasse.

Animal cher et précieux, il devient le symbole de l'aristocratie et, à ce titre, a droit dans les textes homériques à partager la sépulture des guerriers.

Au VIIe siècle av. J.-C., on commence à lui consacrer des traités, comme *L'Hipparque* de Xénophon, tandis que les premiers vétérinaires s'intéressent à son anatomie.

Il faut dire que les Grecs anciens sont tombés sous le charme de ces animaux au point de former leurs propres noms sur la

À droite. Le Vieux Centaure de la villa d'Hadrien, IIe siècle, Rome, musée du Capitole.

Statue contemporaine de Pégase sur l'île de Rhodes.

racine *hippos* (cheval), à l'exemple d'Hippolyte (qui délie les chevaux) ou encore Philippe (qui aime les chevaux).

Il est donc bien naturel que l'on retrouve cet animal en bonne place dans la mythologie aux côtés de Poséidon, dieu des chevaux et père du plus célèbre d'entre eux, Pégase aux ailes d'oiseau.

Même le Centaure, créature mi-homme mi-cheval, fait figure de monstre tout à fait fréquentable au milieu du panthéon.

Est-ce à cause de cette image sympathique que les Troyens n'hésitèrent guère à faire entrer un énorme cheval de bois à l'intérieur de leurs murailles, pour mieux courir à leur perte ? Leurs descendants romains vont vouer eux aussi un véritable culte au cheval pour lequel ils construisent des hippodromes géants. On dit même qu'un empereur jusqu'au-boutiste aurait donné le titre de consul à son ami équin !

L'armée grecque se camouflant dans le cheval de Troie, *L'Énéïde*, illustration du XVIe siècle, Paris, BNF.

Caligula, empereur fou… des chevaux

« Il était tellement attaché à la faction des cochers verts, qu'il mangeait souvent dans leur écurie, et en faisait sa demeure. L'un d'eux, nommé Eutychus, reçut de lui dans une orgie, un présent de deux millions de sesterces. La veille des jeux du cirque, il ordonnait à des soldats d'imposer silence à tout le voisinage pour que rien ne troublât le repos de son cheval Incitatus. Il lui fit faire une écurie de marbre, une crèche d'ivoire, des housses de pourpre et des licous garnis de pierres précieuses. Il lui donna un palais, des esclaves et un mobilier, afin que les personnes invitées en son nom fussent reçues plus magnifiquement. On dit même qu'il voulait le faire consul. »

Suétone, *Vie des Douze Césars*, Ier siècle.

Le cheval entre en religion

Déjà présent sur les murs des cavernes des hommes préhistoriques, le cheval est depuis longtemps le dépositaire d'une forte dimension symbolique. Il est d'abord celui qui accompagne les divinités, comme Sleipnir, la monture à huit pattes d'Odin. Il est de ce fait relié au monde des ténèbres sur lequel règne le dieu scandinave.

On retrouve ce même rôle de conducteur des âmes dans la religion grecque puisque le cheval, présent sur de nombreuses tombes, accompagnait les défunts en participant aux courses funéraires ou en donnant sa vie lors de sacrifices.

Chez les Romains a très longtemps eu lieu la cérémonie appelée *october equus* (du cheval d'octobre) qui consistait en la mise à mort du cheval vainqueur des courses en l'honneur du dieu Mars.

Pensons également au rôle malfaisant des walkyries germano-scandinaves qui chevauchaient au milieu des champs de bataille pour y choisir les futurs morts.

C'est également une jument ailée, Al-Bouraq, qui joua le rôle traditionnel d'intermédiaire entre les dieux et les humains et permit au prophète Mahomet de monter au ciel.

Char du soleil de Trundlhom, âge du bronze,
Copenhague, musée national.

Divinité du monde souterrain, le cheval est aussi associé à la lumière et en particulier au Soleil dont il dirige la course avec le char d'Hélios.

Gare au mortel qui tente de conduire l'attelage divin ! Phaéton tente l'exploit et meurt foudroyé.

L'arrivée de la religion chrétienne ne signifie pas la disparition du cheval, toujours présent dans les représentations au côté de saint Georges, mais aussi sous l'élégante apparence de la licorne.

Tapisserie *La Dame à la Licorne*, « *Le goût* », XVe siècle, Paris, musée de Cluny.

Symbole de puissance comme de pureté, souvent associée au Christ ou à la Vierge, cette créature monstrueuse a longtemps été un des êtres fabuleux les plus appréciés tandis que sa corne, coupée en fait sur les dépouilles de narvals, faisait les beaux jours des amateurs de curiosités.

Aux petits soins

Rare et donc cher, le cheval a été très longtemps le seul animal à mériter d'être observé sous toutes les coutures. Si l'on n'a pas de trace écrite des plus anciennes études, certainement menées du côté du Nil et de l'Euphrate, on peut toujours consulter les *Hippiatrica* remontant aux premiers siècles de notre ère.

Planche extraite du traité d'hippiatrie, *Kitâb Al-Baytara* (Égypte), 1766, Paris, BNF, département des Manuscrits, arabe 2817.

On y apprend par exemple que, pour protéger les sabots, il était recommandé d'utiliser des hipposandales, supplantées par les fers seulement au IXe siècle.

À l'instar de l'homme, notre animal est soigné selon la théorie hippocratique des humeurs, à grands coups de saignées ou de lavements.

L'Orient n'est pas en reste puisque les scientifiques arabes ont su s'inspirer des sources antiques et byzantines pour développer de leur côté une bonne connaissance de l'anatomie et de la santé du cheval.

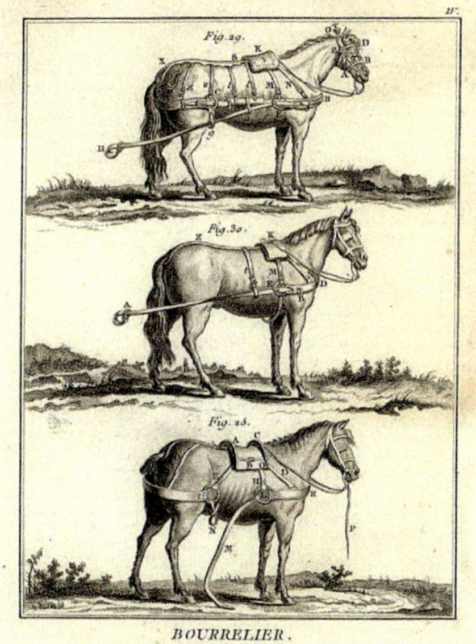

« Bourrelier », planche de *L'Encyclopédie ou dictionnaire raisonné des sciences, des arts et des métiers* sous la direction de Diderot et d'Alembert, t. II, 1762.

Pendant la Renaissance européenne, médecines humaine et équine se développent en parallèle tandis que la concurrence apparaît entre les simples maréchaux-ferrants, à la pratique très empirique, et les écuyers.

C'est d'ailleurs l'un d'entre eux, Claude Bourgelat, qui parvient à convaincre Louis XV d'ouvrir la première école vétérinaire, en 1761 à Lyon.

Elle sera rapidement suivie d'une seconde à Alfort où Honoré Fragonard commença sa carrière de créateur d'écorchés. On peut encore y admirer

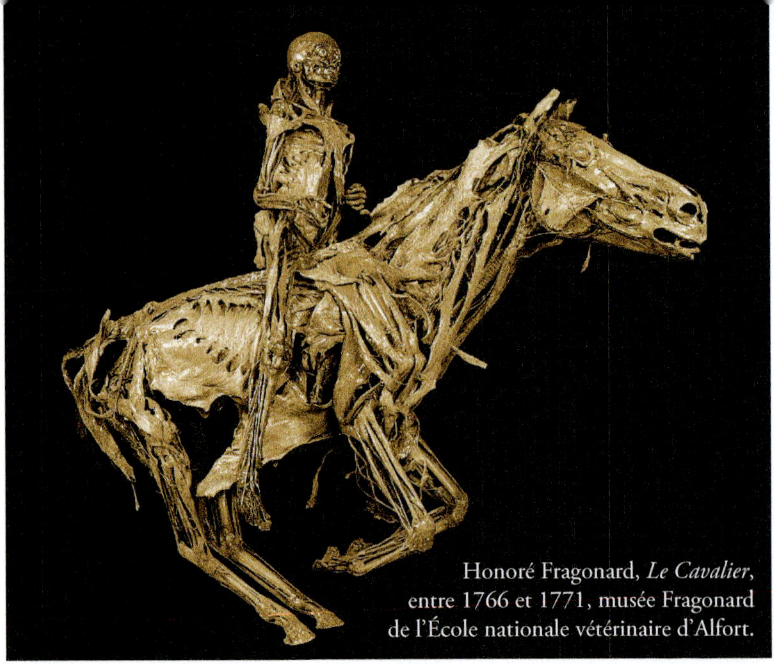

Honoré Fragonard, *Le Cavalier*, entre 1766 et 1771, musée Fragonard de l'École nationale vétérinaire d'Alfort.

un de ses chefs-d'œuvre, *Le Cavalier*, composé d'un homme dépouillé de sa peau et monté sur un cheval au grand galop, dans le même état.

Grâce aux étudiants étrangers qu'elles accueillent, ces écoles diffusent dans toute l'Europe et le Nouveau Monde l'art vétérinaire à la française. Aujourd'hui, cet art bénéficie des plus importantes avancées technologiques, et il n'est pas rare que l'on prescrive à nos quadrupèdes un passage devant le scanner ou une petite séance d'acupuncture.

Ce chouchou a également droit aux plus belles demeures, écuries royales tout confort et haras prestigieux, le summum étant atteint à Chantilly. Sans parler de nécropoles chevalines comme celle que les tsars ont aménagée à Saint-Pétersbourg pour une centaine de leurs montures favorites.

Toutes ces attentions ne doivent pas faire oublier que le cheval trouve aussi place dans nos assiettes, puisque la consommation de sa viande est autorisée depuis 1866.

« La nature plus belle que l'art »

En 1753, le grand naturaliste Buffon fait un éloge resté célèbre du cheval, premier animal décrit dans son *Histoire naturelle* :

> « La plus noble conquête que l'homme ait jamais faite est celle de ce fier et fougueux animal, qui partage avec lui les fatigues de la guerre et la gloire des combats ; aussi intrépide que son maître, le cheval voit le péril et l'affronte ; il se fait au bruit des armes, il l'aime, il le cherche et s'anime de la même ardeur : il partage aussi ses plaisirs ; à la chasse, aux tournois, à la course, il brille, il étincelle. Mais docile autant que courageux, il ne se laisse point emporter à son feu ; il sait réprimer ses mouvements. Non seulement il fléchit sous la main de celui qui le guide, mais il semble consulter ses désirs, et, obéissant toujours aux impressions qu'il en reçoit, il se précipite, se modère ou s'arrête : c'est une créature qui renonce à son être pour n'exister que par la volonté d'un autre, qui sait même la prévenir ; qui par la promptitude et la précision de ses mouvements, l'exprime et l'exécute ; qui sent autant qu'on le désire, et se rend autant qu'on veut ; qui, se livrant sans réserve, ne se refuse à rien, sert de toutes ses forces, s'excède, et même meurt pour obéir. »

Buffon, *Histoire naturelle*, tome IV, 1753.

Chevalier toscan, *Carminia Regia*, 1335, Londres, British Library.

Une arme de combat

Dans la Bible, l'Apocalypse est annoncée par des cavaliers. Rien de tel en effet pour créer la panique chez l'adversaire. Indispensable auxiliaire des armées de l'Eurasie pendant cinq millénaires, le cheval a changé bien souvent le cours de l'Histoire.

Cheval de bataille

« Donnes-tu au cheval la bravoure, revêts-tu son cou d'une crinière ? Le fais-tu bondir comme la sauterelle ? Son hennissement altier répand la terreur. Il piaffe de joie dans le vallon, avec vigueur il s'élance au-devant des armes. Il se moque de la peur et ne craint rien, il ne recule pas devant l'épée. Sur lui résonnent le carquois, la lance étincelante et le javelot. Frémissant d'impatience, il dévore l'espace ; il ne se tient plus quand sonne la trompette. À chaque coup de trompette, il crie : Héah ! Il flaire de loin la bataille, la voix tonnante des chefs et les cris. »

La Bible, Le Livre de Job, 39.

Du char de guerre au cavalier

S'ils ont sans doute été mis au point dans les steppes russes, c'est à Ur, en Mésopotamie, en 3 500 av. J.-C., que s'imposent les premiers chars de guerre, montés en général par deux hommes, le cocher et l'archer. Ils deviennent rapidement indispensables à toute armée digne de ce nom, et c'est avec des centaines de

Char de guerre écrasant un ennemi sur un relief hittite.

Détail des chevaux en terre cuite du mausolée de l'empereur Qin, Chine, IIIe siècle av. J.-C.

ces véhicules légers que Hittites et Égyptiens vont s'affronter à la célèbre bataille de Qadesh, dans l'actuelle Syrie, en 1274 av. J.-C.

Les chars de guerre prospèrent aussi à l'autre extrémité de l'Eurasie, en Chine, où la majorité des six cents chevaux en terre cuite enterrés avec l'empereur Qin (IIe siècle av. J.-C.) sont de fait attelés à des chars !

Mais dès avant notre ère, les chars de guerre cèdent la place à la cavalerie montée. Celle-ci, imitée des nomades de la steppe, vient en appui de l'infanterie, phalanges d'Alexandre le Grand ou légions de César.

Devenu sous les Romains un spectacle pour les arènes, l'art de la conduite du char ne résiste pas aux progrès de la cavalerie, moins coûteuse, plus légère et rapide sur le champ de bataille. Ben-Hur peut rentrer à l'écurie.

Fresque de Paestum, VIIe siècle av. J.-C., musée de Paestum (Italie).

Dans les temps barbares qui succèdent à l'Empire romain comme à l'Empire chinois, l'infanterie demeure la reine des batailles, avec des combattants solidement armés et protégés (casque, armure, bouclier).

Ces fantassins ou soldats à pied, quand ils sont disciplinés et bien formés, peuvent vaincre les nomades de la steppe sur leurs chevaux rapides. Près de Poitiers, en 732, ce sont essentiellement des guerriers francs à pied qui ont raison des cavaliers arabes.

Détails de chevaux. Tapisserie de Bayeux, XIe siècle, Bayeux, musée de la Tapisserie.

L'Âge d'Or de la chevalerie

L'arrivée de l'étrier au XVIIIe siècle – sans doute une invention des nomades Avars – va changer la donne en apportant aux cavaliers beaucoup plus de stabilité et une incroyable force de frappe.

Campés sur leurs étriers, avec des armures en métal et cuir (cote de maille, baudrier, heaume recouvrant tête et visage) qui les rendent quasiment invincibles, ils peuvent asséner au galop, de leur lance ou à l'épée, des coups d'une énergie redoublée, tels les chars d'assaut d'aujourd'hui.

Dans les armées de Charlemagne et de ses successeurs émerge ainsi une élite guerrière composée des hommes assez riches pour s'offrir un cheval et l'équipement qui l'accompagne… et assez forts et vigoureux pour le monter.

Ces chevaliers vont constituer la classe dirigeante de la société féodale. L'Église s'efforce de civiliser leurs mœurs et de leur transmettre un certain code de l'honneur, sous le nom de chevalerie.

Compagnon indispensable des nobles chevaliers, le cheval occupe dans la société médiévale une place privilégiée, plus proche de la gent humaine que de la gent animale.

C'est l'âge d'or du destrier (celui que l'on tient de la main droite, la *dextre*, que l'on n'enfourche qu'au dernier moment, lorsqu'il est temps de « monter sur ses grands chevaux »).

À côté de ce cheval destiné à la guerre et aux tournois, les gens du Moyen Âge distinguent le palefroi, cheval de marche employé pour les déplacements par les chevaliers et leurs dames. À celles-ci, on destine également la haquenée, jument tranquille qui marche à l'amble (de côté).

Pour le transport des coffres du seigneur, quand il est en déplacement, on emploie le robuste sommier. Enfin, à côté du destrier, relevons l'auferrant (mot rare qui désigne un cheval d'armes cuirassé).

Fragilisés par la difficulté de se mouvoir et trop souvent indisciplinés, les chevaliers vont se montrer de moins en moins efficaces face aux armes à feu.

Les premières bombardes, employées à Castillon-sur-Dordogne, en 1453, à la fin de la guerre de Cent Ans,

Combat de Lancelot, manuscrit réalisé au XVe siècle pour le bibliophile Jacques d'Armagnac, duc de Nemours.

effraient bien davantage les chevaux qu'elles ne tuent les hommes. Mais leur efficacité va progresser de même que celle des arquebuses et des fusils et mettre fin à la primauté du chevalier et de sa monture dans les batailles.

Au cœur de l'Eurasie, les canons vont aussi mettre un terme aux invasions de cavaliers nomades, périodiquement renouvelées, des Huns à Tamerlan, en passant par les Avars et surtout les Turcs de Sedjouk et les Mongols de Gengis Khan.

Tournois, chevaliers et nobles dames

Les nobles, au Moyen Âge, ne se séparent guère de leur cheval, que ce soit à la guerre, à la chasse ou au tournoi, des activités à peu près aussi violentes les unes que les autres.

Voici, dans les célèbres *Romans de la Table ronde*, un récit qui voit le chevalier Lancelot participer à un tournoi que préside la reine Guenièvre…

> « La reine commande à la demoiselle d'aller au plus tôt le retrouver et lui dire qu'elle lui mande et le prie de combattre le mieux qu'il pourra. Et la demoiselle répond qu'elle s'en ira immédiatement, sans chercher un délai. Elle descend de la tribune jusqu'en bas, où son valet l'attendait avec son palefroi. Elle se met en selle et s'en va trouver le chevalier à qui elle dit : "Messire, ma dame vous mande maintenant de combattre le mieux que vous pourrez !" Lui répond : "Vous lui direz que rien ne me rebute du moment que cela lui plaît, et que tout ce qui lui plaît me fait plaisir". […] Alors Lancelot dirige et éperonne son cheval à la rencontre d'un chevalier élégamment armé et le frappe si fort qu'il l'envoie rouler loin de son cheval, à plus de cent pas. Il se met à combattre si bien de son épée et de sa lance qu'il n'y en a aucun parmi ceux qui ne portent pas d'armes, qui n'éprouve du plaisir rien qu'à le regarder. Même ceux qui

portent des armes y trouvent de quoi se réjouir et y prennent plaisir, car c'est une joie que de voir comment il fait renverser et tomber à terre à la fois chevaux et chevaliers. Il n'y a guère de chevalier avec qui il engage le combat qui demeure en selle, et les chevaux qu'il gagne, il en fait cadeau à qui les voulaient. »

Chrétien de Troyes, *Lancelot ou le chevalier de la charrette*, vers 1180.

QUIZ
À chacun sa monture !

Parviendrez-vous à reformer ces couples célèbres ?

1. Jolly Jumper
2. Bucéphale
3. Ourasi
4. Tornado
5. Marengo
6. Rossinante
7. Al-Bouraq
8. Arabesque
9. Incitatus
10. Pégase
11. Jappeloup
12. Zingaro
13. Balamer
14. Khan
15. Veillantif
16. Flicka
17. Vizir
18. Robin

A. Bellérophon
B. Ken
C. Bonaparte
D. Attila
E. Jean-René Gougeon
F. Mulan
G. Le chevalier Roland
H. Alexandre le Grand
I. Caligula
J. Lucky Luke
K. Le caporal Blutch
L. Pierre Durand
M. Mahomet
N. Zorro
O. Bartabas
P. Napoléon
Q. Don Quichotte
R. Abraham Lincoln

Réponses du quiz : cf. *p. 62.*

Pas d'Amérique sans cheval

La seule région du monde qui soit restée imperméable au cheval est l'Afrique intertropicale, en raison des ravages causés par la mouche tsé-tsé. Le Nouveau Monde a quant à lui adopté le cheval dès l'arrivée des explorateurs européens, qu'il s'agisse des Amériques au XVe siècle ou de l'Océanie au XVIIIe siècle.

En 1493, douze mille ans après que leurs ancêtres venus d'Asie par le détroit de Béring eussent disparu du continent américain, les chevaux sont de retour dans les bagages de Christophe Colomb. Contrit de ne pas trouver de montures sur place, celui-ci s'empresse dès son second voyage d'importer à Hispanolia (Saint-Domingue) douze étalons et deux juments.

Rencontre de Cortes et Moctezuma dans Diego Duran, *Histoire des Indiens*, 1579, Madrid, Bibliothèque nationale.

On raconte qu'un peu plus tard, les habitants du Yucatan, s'étant vu confier un cheval par Hernan Cortès, en firent une statue et commencèrent à l'adorer sous le nom de Tziman-Chac.

Page de gauche. Le chef indien Ignacio (tribu des Weeminuche, Hutes) et son cheval.

Diligence bondée à Great Hot Springs (Dakota) en 1889.

Cette légende montre combien la découverte de l'équidé a dû être un choc pour ces sociétés et un facteur primordial dans leur soumission, comme l'a lui-même reconnu Cortès :

Robe peinte (art sioux), XIXe siècle, Paris, musée du quai Branly.

> « Après Dieu, nous dûmes la victoire aux chevaux. »

L'animal va parfaitement s'adapter à son nouveau cadre de vie au point de se multiplier et retourner à la vie sauvage.

Arrivé en Amérique du Nord par le Mexique, il est adopté par les Apaches et les Navajos avant de rejoindre les tribus des Plaines, jusqu'à l'océan Pacifique.

Ces nomades peuvent alors se lancer dans la chasse aux bisons et les razzias, jusqu'à ce que les arrivants européens les contraignent à se sédentariser.

Ce sont alors cow-boys, Pony Express et charges de cavalerie qui vont prendre leur place dans l'imaginaire pour créer la légende du Far West. Aujourd'hui la culture équestre reste très présente dans le pays mais aussi dans d'autres régions du continent, notamment avec les gauchos d'Argentine.

Charges de cavalerie

Si la colonisation du Nouveau Monde doit tout au cheval, dans l'Ancien Monde, celui-ci voit sa fonction militaire se réduire drastiquement à partir de la Renaissance.

Dans les armées professionnelles des nouveaux États-nations, les régiments de cavalerie – cuirassés, hussards venus de Hongrie, dragons qui héritent du surnom du seigneur de Wailly (XIIe siècle), uhlans ou encore spahis de l'armée d'Afrique (XIXe siècle) –, doivent composer avec des régiments d'infanterie aussi compacts que les antiques phalanges macédoniennes et qui plus est équipés d'armes à feu à longue portée.

Ils doivent aussi et surtout faire face à une artillerie de plus en plus terrifiante, le summum étant atteint pendant la Grande Guerre, avec les obus à fragmentation qui déchiquettent les chairs des hommes et des chevaux.

Théodore Géricault, *Officier de chasseur à cheval de la garde impériale chargeant*, (1812), Paris, musée du Louvre.

Elizabeth Southerden Thompson dite « Lady Butler », *Scotland Forever!* (1881) illustre la charge de cavalerie des Royal Scots Greys à la bataille de Waterloo (1815).

Ces régiments de cavalerie sont ordinairement employés pour poursuivre l'ennemi en retraite mais également en solution de dernier recours, quand il s'agit de rattraper la victoire sur le fil.

Ainsi avec la folle charge des douze mille cavaliers du maréchal Murat, à Eylau, en février 1807, qui va briser la contre-offensive du général russe Bennigsen et sauver Napoléon Ier d'une défaite annoncée. Un peu plus tard, à Waterloo, le maréchal Ney et ses cavaliers n'auront pas autant de succès.

Un demi-siècle plus tard, pendant la guerre de Crimée, sous le règne de son neveu Napoléon III, la non moins célèbre charge de la brigade légère de lord Cardigan va se solder par un fiasco sanglant. Et le règne de Napoléon III va se terminer par des charges de cavalerie aussi héroïques qu'inutiles et sanglantes à Reichshoffen et Morsbronn, en 1870.

On peut y voir le début de la fin pour la cavalerie de guerre.

Reste le souvenir d'une guerre pimpante, avec beaux uniformes, grande prestance et actions héroïques. Il se conserve en France dans les défilés toujours très populaires de la Garde républicaine comme en Angleterre dans ceux des régiments de la reine.

La charge des chevaux colosses de Waterloo

Avec un demi-siècle de recul, Victor Hugo nous offre dans *Les Misérables* une description magistrale et épique de la bataille de Waterloo :

> « Ils étaient trois mille cinq cents. Ils faisaient un front d'un quart de lieue. C'étaient des hommes géants sur des chevaux colosses. [...] L'aide de camp Bernard leur porta l'ordre de l'empereur. Ney tira son épée et prit la tête. Les escadrons énormes s'ébranlèrent. Alors on vit un spectacle formidable.
>
> « Toute cette cavalerie, sabres levés, étendards et trompettes au vent, formée en colonne par division, descendit, d'un même mouvement et comme un seul homme, avec la précision d'un bélier de bronze qui ouvre une brèche, la colline de la Belle-Alliance, s'enfonça dans le fond redoutable où tant d'hommes déjà étaient tombés, y disparut dans la fumée, puis, sortant de cette ombre, reparut de l'autre côté du vallon, toujours compacte et serrée, montant au grand trot, à travers un nuage de mitraille crevant sur elle, l'épouvantable pente de boue du plateau de Mont-Saint-Jean. Ils montaient, graves, menaçants, imperturbables ; dans les intervalles de la mousqueterie et de l'artillerie, on entendait ce piétinement colossal. [...] [L'infanterie anglaise] écoutait monter cette marée d'hommes. Elle entendait le grossissement du bruit des trois mille chevaux, le frappement alternatif et symétrique des sabots au grand trot, le froissement des cuirasses, le cliquetis des sabres, et une sorte de grand souffle farouche. Il y eut un silence redoutable, puis, subitement, une longue file de bras levés brandissant des sabres apparut au-dessus de la crête, et les casques, et les trompettes, et les étendards, et trois mille têtes à moustaches grises criant : vive l'empereur ! Toute cette cavalerie déboucha sur le plateau, et ce fut comme l'entrée d'un tremblement de terre. »

Victor Hugo, *Les Misérables*, 1862.

Horreurs partagées

Pendant la première guerre mondiale, trop vulnérable face aux mitrailleuses, la cavalerie laisse peu à peu la place aux nouveaux blindés pour mieux se limiter aux opérations logistiques.

C'est ainsi que près de deux millions d'animaux sont venus appuyer les troupes françaises, sacrifice qui se soldera par la mort de 80 % d'entre eux et qui aura un impact psychologique non négligeable sur les combattants, en grande partie issus des campagnes.

Pendant la Seconde Guerre mondiale, le transport demeure la principale activité des chevaux utilisés par les Allemands et les Russes sur le front de l'Est.

Le souvenir de ces victimes involontaires de la folie des hommes se retrouve dans le film de Steven Spielberg, *Cheval de guerre* (2011), comme dans la légende des chevaux gelés du lac de Lagoda, en 1942, près de Leningrad.

Un soldat américain et son cheval, munis de leurs masques à gaz (fin de la Première Guerre mondiale).

Le carrousel de glace de Ladoga

L'écrivain italien Curzio Malaparte fait revivre un épisode (certainement légendaire) du siège de Leningrad, en hiver 1942.

> « Le troisième jour, un immense incendie flamba dans la forêt de Raikkola. Enfermés dans un cercle de feu, les hommes, les chevaux, les arbres poussèrent des cris terribles. Les sissit [commandos finnois] assiégeaient l'incendie, tiraient sur le mur de flammes et de fumée, empêchant toute sortie. Fous de terreur, les chevaux de l'artillerie soviétique – ils étaient presque mille – se lançant dans la fournaise, brisèrent l'assaut du feu et des mitrailleuses. Beaucoup périrent dans les flammes; mais une grande partie atteignit la rive du lac et se jeta dans l'eau. [...] Pendant la nuit, ce fut le vent du Nord (le vent du Nord descend de la mer de Mourmansk, comme un Ange, en criant, et la terre meurt brusquement). Le froid devint terrible. Tout à coup, avec un son vibrant de verre qu'on frappe, l'eau gela. La mer, les lacs, les fleuves gèlent brusquement, l'équilibre thermique se brisant d'un moment à l'autre. Même l'eau de mer s'arrête au milieu de l'air, devient une vague de glace courbée et suspendue dans le vide. Le jour suivant, quand les premières patrouilles de sissit, aux cheveux roussis, au visage noir de fumée, s'avançant précautionneusement sur la cendre encore chaude à travers le bois carbonisé, arrivèrent au bord du lac, un effroyable et merveilleux spectacle s'offrit à leurs yeux. Le lac était comme une immense plaque de marbre blanc sur laquelle étaient posées des centaines et des centaines de têtes de chevaux. Les têtes semblaient coupées net au couperet. Seules elles émergeaient de la croûte de glace. Toutes les têtes étaient tournées vers le rivage. Dans les yeux dilatés on voyait encore briller la terreur comme une flamme blanche. Près du rivage, un enchevêtrement de chevaux férocement cabrés émergeait de la prison de glace. Les soldats du colonel Merikallio descendaient au lac, et s'asseyaient sur les têtes des chevaux. On eût dit les chevaux de bois d'un carrousel. »

Curzio Malaparte, *Kaputt*, 1946.

À cheval, gendarme !

Héritière de la maréchaussée, terme désignant à l'origine l'« écurie » (de *marh*, « cheval », en langue germanique), la gendarmerie, créée en 1791, a conservé un lien étroit avec le cheval puisque ne pouvaient en faire partie et devenir « gens d'armes » que ceux qui étaient capables de monter avec assurance. Ils devenaient alors propriétaires de leur animal, règle qui perdura jusqu'en 1919.

Durement concurrencé au sein de la gendarmerie par la bicyclette puis la moto, moins chers à l'entretien, le cheval a aujourd'hui encore nombre d'atouts qui en font un bon auxiliaire de sécurité dans la surveillance des parkings comme des plages ou des forêts.

Cinq cents chevaux et autant de cavaliers participent aussi dans la Garde républicaine à des « missions de sécurité et

Garde (gendarme, à gauche) et officier (capitaine, à droite), du régiment de cavalerie de la Garde républicaine en patrouille à Paris (2012).

d'honneur au profit des hautes instances gouvernementales et des hautes autorités de l'État » qui contribuent au rayonnement de la République.

La Garde républicaine est l'héritière de la garde municipale de Paris créée par Napoléon Ier en 1802 et réorganisée par son neveu en 1849 pour devenir la structure que nous connaissons. Ses trois régiments, qui associent fantassins et cavaliers, appartiennent à l'armée tout en étant sous les ordres du préfet de police. Ils incluent depuis deux siècles une fanfare à cheval guidée par le trompette-major chargé de transmettre au clairon le signal de la charge ou du ralliement.

Les gardes républicains, de haute taille et de belle prestance, portent une tunique « à la Soubise » ornée de boutons au bas des manches, dont l'utilité reste d'ailleurs un mystère : faut-il croire ceux qui affirment qu'il s'agit d'un usage préventif, Napoléon ne supportant pas de voir ses hommes se moucher le nez d'un revers adroit ? L'uniforme est complété par un casque de près de 1,5 kg agrémenté d'une crinière qui devait à l'origine protéger la nuque, le sabre ennemi glissant sur elle.

Notons qu'à l'occasion, la Garde républicaine n'hésite pas à cabotiner et charger sur les plateaux de cinéma pour *La Révolution française* (1989) ou *La Reine Margot* (1993) !

Un animal politique

Cette formule d'Aristote, censée désigner l'Homme, pourrait aussi qualifier son compagnon. Pendant des siècles en effet, il n'y eut pas de vainqueur qui ne parade à cheval pour fêter sa victoire.

Simple question pratique, direz-vous : on voit simplement mieux le héros sur ce piédestal mobile !

Mais l'origine de cette tradition est aussi à rechercher du côté de l'association entre cheval et pouvoir qui en fait un animal à part dans nombre de sociétés.

Membres d'une élite par leur richesse et leur supposée valeur guerrière, les cavaliers ont donné naissance à l'ordre équestre dans la Rome antique avant de devenir chevaliers au Moyen Âge.

Pour ces nobles, on l'a vu, seul le combat à cheval était respectable, et l'on se souvient de l'expression « Mon royaume pour un cheval ! » que Shakespeare prête à un Richard III bien fâché d'être redevenu piéton.

Jeune noble à cheval, 1290, Londres, British Museum.

La paix retrouvée, soldats et souverains n'aimaient rien tant que de se faire représenter à cheval, montrant au peuple d'une main leur maîtrise de l'équitation et de l'autre le chemin de la victoire.

De Charlemagne à Henri IV, de Louis XIV à Bonaparte, tous ont voulu copier la statue équestre de Marc-Aurèle (IIe siècle) pour en partager un peu de gloire.

Et qu'importe si en réalité le vainqueur n'est qu'un piètre cavalier, à l'exemple du maréchal Joukov qui est venu à bout des armées

Statue équestre de Marc-Aurèle, bronze. Rome.

du 3e Reich : il aura quand même sa statue équestre non loin de la place Rouge.

Et c'est bien sûr à cheval que les généraux et maréchaux de la Grande Guerre ont paradé devant l'Arc de triomphe pour le défilé de la victoire, le 14 juillet 1919.

Le défilé de la Victoire, le 14 juillet 1919, à Paris.
Tableau de François Flameng, musée de l'Armée, Paris.

Un garçon donnant de l'avoine à un cheval dételé.

Au travail !

COSTAUD ET ENDURANT, le cheval ne pouvait échapper au travail. Sur les routes, dans les champs et même sur les plages, le voilà contraint pour gagner son foin de donner un coup de main aux hommes. Touchés par son charme et son adresse, ils vont le remercier en l'associant également à leurs loisirs.

Travailler pour vivre…

Ce n'est pas la fête pour tous les chevaux, loin de là ! Longtemps resté l'apanage des riches, le cheval n'arrive dans les champs qu'après 1750. Il faut dire que la bête mange essentiellement de l'avoine et qu'il faut donc réserver des bouts de terrain à son seul usage. Ne dit-on pas que nourrir un cheval équivaut à entretenir huit hommes ? Et puis, l'âne et le bœuf font très bien l'affaire !

Apparu au xe siècle, le collier d'épaules ne va que dans une faible mesure mettre le cheval au travail, à part dans le domaine du transport. Marco Polo aurait-il pu atteindre la Chine, les Européens auraient-ils pu conquérir l'Amérique sans l'aide du cheval ?

Mais ce n'est paradoxalement qu'au xixe siècle, à l'époque où les progrès de la mécanisation semblent devoir le remplacer par la machine, que le cheval se fait omniprésent. Il devient même un acteur majeur de la modernisation agricole en apportant sa force de traction. Le voilà qui envahit la campagne sous l'aspect des solides percherons ou des « colosses en marbre blanc », les boulonnais.

Chevaux de halage (traction fluviale).

Compagnon des gardiens de troupeaux dans le Nouveau Monde, en Europe il prend la place des hommes (et des femmes !) qui tiraient jusque-là les péniches le long des chemins de halage, et travaille aux champs en s'échinant à faire avancer les moissonneuses qui commencent à apparaître.

Il est en effet à la pointe du progrès, notamment dans l'industrie où il participe à la naissance du chemin de fer en remplaçant quelque temps les locomotives. Il voit aussi de près le triomphe du charbon en vivant de longues années dans le fond au milieu des mineurs. La Révolution industrielle doit finalement beaucoup à cette bête de somme qui lui a permis de développer de nouvelles techniques pour mieux se passer de son aide.

Les chevaux du fond

Dans *Germinal*, Émile Zola n'a pas oublié de rendre hommage aux chevaux qui restaient des années durant à travailler dans les galeries des mines.

« C'était Bataille, le doyen de la mine, un cheval blanc qui avait dix ans de fond. Depuis dix ans, il vivait dans ce trou, occupant le même coin de l'écurie, faisant la même tâche le long des galeries noires, sans avoir jamais revu le jour. Très gras, le poil luisant, l'air bonhomme, il semblait y couler une existence de sage, à l'abri des malheurs de là-haut. Du reste, dans les ténèbres, il était devenu d'une grande malignité. La voie où il travaillait avait fini par lui être si familière, qu'il poussait de la tête les portes d'aérage, et qu'il se baissait, afin de ne pas se cogner, aux endroits trop bas. Sans doute aussi il comptait ses tours, car lorsqu'il avait fait le nombre réglementaire de voyages, il refusait d'en recommencer un autre, on devait le reconduire à sa mangeoire. Maintenant, l'âge venait, ses yeux de chat se voilaient parfois d'une mélancolie. Peut-être revoyait-il vaguement, au fond de ses rêvasseries obscures, le moulin où il était né, près de Marchiennes, un moulin planté sur le bord de la Scarpe, entouré de larges verdures, toujours éventé par le vent. Quelque chose brûlait en l'air, une lampe énorme, dont le souvenir exact échappait à sa mémoire de bête. Et il restait la tête basse, tremblant sur ses vieux pieds, faisant d'inutiles efforts pour se rappeler le soleil. [...] on descendait le [nouveau] cheval ; et c'était toujours une émotion, car il arrivait parfois que la bête, saisie d'une telle épouvante, débarquait morte. En haut, lié dans un filet, il se débattait éperdument ; puis, dès qu'il sentait le sol manquer sous lui, il restait comme pétrifié, il disparaissait, sans un frémissement de la peau, l'œil agrandi et fixe. Celui-ci étant trop gros pour passer entre les guides, on avait dû, en l'accrochant au-dessous de la cage, lui rabattre et lui attacher la tête sur le flanc. [...] Bientôt, Trompette fut couché sur les dalles de fonte, comme une masse. [...] Bataille s'animait, sourd aux moqueries. Il lui trouvait sans doute la bonne odeur du grand air, l'odeur oubliée du soleil dans les herbes. Et il éclata tout à coup d'un hennissement sonore, d'une musique d'allégresse, où il semblait y avoir l'attendrissement d'un sanglot. »

Le travail des chevaux dans les mines, Centre minier de Faymoreau (Vendée).

Émile Zola, *Germinal*, 1885.

Le temps du crottin citadin

Au XIXe siècle, le cheval est surtout utilisé pour le transport des voyageurs. À Paris, en 1860, la Compagnie des Omnibus en emploie pas moins de 7 000 pour tirer ses voitures à étage de quarante places qui se mêlent aux charrettes, fiacres et autres cavaliers.

On imagine aujourd'hui difficilement la place et le personnel nécessaires pour s'occuper des 85 000 chevaux et de leurs millions de bottes de paille qui engorgeaient et parfumaient les rues de la capitale en 1880. D'ailleurs Alphonse Allais ne manqua pas de remarquer que :

> « La première chose qui frappe l'odorat du voyageur arrivant à Venise, c'est l'absence totale de parfum de crottin de cheval. »

Il aurait pu ajouter : Et quel silence !

Albert Adam, *Coupé*, XIXe siècle, Paris, musée Carnavalet.

Tramway hippomobile de la Compagnie générale des omnibus de Paris, ligne Vaugirard-Gare du Nord (TAH).

Car les grandes villes résonnent en permanence des chocs des fers sur les pavés et des cris de ceux qui n'hésitent pas à « jurer comme un charretier ». Les accidents y sont monnaie courante et les journaux s'insurgent régulièrement contre les violences envers les animaux et le comportement malotru des cochers.

C'est d'ailleurs à cette époque que l'on commence à réfléchir à un code de bonne conduite pour fluidifier la circulation. Les « conducteurs » vont devoir s'habituer à ne plus stationner n'importe où et à respecter le bâton blanc du gardien de la paix !

Aux encombrements de la journée succèdent ceux du soir du côté des Grands Boulevards et de l'Opéra, où l'élite se doit d'aller parader en fiacre ou sur les plus belles montures après avoir passé des heures à s'afficher lors de promenades équestres à Boulogne ou Vincennes.

Le cheval reste en effet un symbole de prestige et l'on n'hésite pas à dépenser des fortunes pour construire et entretenir des écuries privées. Cette invasion, qui fit vivre des milliers de personnes, du simple cocher jusqu'au sellier Hermès, a été remplacée par une autre au début du XXe siècle, celle des chevaux-vapeur.

Le pavé des Lumières teinté de sang

« Gare! Gare! Gare les voitures! Je vois passer dans un carrosse le médecin en habit noir, le maître à danser dans un cabriolet, le maître en fait d'armes dans un diable; et le prince court à six chevaux ventre à terre, comme s'il était en rase campagne. L'humble vinaigrette [chaise à porteurs] se glisse entre deux carrosses, et échappe comme par miracle: elle traîne une femme à vapeurs, qui s'évanouirait dans la hauteur d'un carrosse. Des jeunes gens à cheval gagnent impatiemment les remparts, et sont de mauvaise humeur quand la foule pressée, qu'ils éclaboussent, retarde un peu leur marche précipitée. Les voitures et les cavalcades causent nombre d'accidents, pour lesquels la police témoigne la plus parfaite indifférence. J'ai vu la catastrophe du 28 mai 1770, occasionnée par la foule des voitures qui obstruèrent la rue, unique passage ouvert à l'affluence prodigieuse du peuple qui se portait en foule à la triste illumination des boulevards. J'ai manqué d'y perdre la vie. Douze à quinze cents personnes ont péri, ou le même jour, ou des suites de cette presse effroyable. J'ai été renversé trois fois sur le pavé à différentes époques, et sur le point d'être roué tout vif. J'ai donc un peu le droit d'accuser le luxe barbare des voitures. Il n'a reçu aucun frein, malgré les réclamations journalières. Les roues menaçantes qui portent orgueilleusement le riche, n'en volent pas moins rapidement sur un pavé teint du sang des malheureuses victimes qui expirent dans d'effroyables tortures, en attendant la réforme qui n'arrivera pas, parce que tous ceux qui participent à l'administration roulent carrosse, et dédaignent conséquemment les plaintes de l'infanterie. Le défaut de trottoirs rend presque toutes les rues périlleuses: quand un homme qui a un peu de crédit est malade, on répand du fumier devant sa porte, pour rompre le bruit des carrosses [...]. Que faire? Bien écouter quand on crie, gare! Gare! Mais nos jeunes phaétons font crier leurs domestiques de derrière le cabriolet. Le maître vous renverse, puis le valet s'égosille, et se ramasse qui peut. »

Sébastien Mercier, *Le Tableau de Paris*, 1781.

À table !

On ne sait pas si Attila glissait vraiment sa viande sous sa selle pour l'attendrir, mais il est certain que le cheval n'a pas seulement servi de garde-manger puisqu'il passa lui-même souvent à la casserole.

Gibier de choix pour nos ancêtres préhistoriques, la chair équine est restée sur les tables des pays du Nord pendant toute l'antiquité tandis que Grecs et Romains le réservaient aux banquets religieux et que les Juifs rejetaient cet animal impur, au sabot non fendu.

Au IVe siècle, le pape Grégoire III règle le problème en interdisant sa consommation, certainement pour rompre avec des pratiques trop païennes.

Pour les hommes du Moyen Âge, aucun dilemme : on ne mange pas son fidèle compagnon !

Le tabou reste vivace pendant des siècles jusqu'à ce que les hygiénistes du XIXe siècle, à la suite du naturaliste Geoffroy Saint-Hilaire, mettent en avant ses bienfaits sur la santé : fer, protéines, tout ce qu'il faut pour que le monde ouvrier prenne des forces !

S'en rendent bien compte les soldats de Napoléon souffrant de famine en Russie, puis la population parisienne victime du siège de 1870.

Hippophagie causée par les restrictions alimentaires et la famine du siège de Paris, illustration *in* Bernadette Lizet, *La bête noire : à la recherche du cheval parfait*, 1870.

En 1866, les premières boutiques ouvrent en France avec la bénédiction de la Société Protectrice des Animaux qui y voit une façon de lutter contre les mauvais traitements : invités à vendre leurs vieux canassons à l'abattoir, les maîtres tyranniques n'ont plus la tentation de les faire travailler jusqu'à l'épuisement.

Notre société de loisirs a changé l'image du cheval : il est passé du statut d'outil de travail à celui d'animal domestique. L'hippophagie et le commerce de la viande chevaline sont en nette baisse, la consommation de ce produit ne représentant plus que 0,4 % de la viande cuisinée, soit à peine 300 grammes par an pour chaque habitant.

Cette tendance ne semble pas prête à s'inverser si l'on en croit l'émotion née du scandale de 2012, lorsqu'on découvrit que du cheval avait été ajouté à des plats industriels de lasagnes.

Chevaux de la basilique Saint-Marc (Venise).

À la recherche de la « bonne main »

« Un cheval qui se dresse est quelque chose de si beau, de si frappant, de si magnifique, qu'il fixe les regards de tous ceux qui le voient, jeunes ou vieux. On ne peut ni le quitter, ni se lasser de le considérer, quand il se montre ainsi dans tout son éclat. »

Traité de l'Éducation, IVᵉ siècle av. J.-C.

Atteindre cette perfection tant vantée par Xénophon n'a pas toujours été la priorité des amateurs de chevaux. Si l'Antiquité s'est attachée à développer l'art du dressage, le Moyen Âge a préféré une maîtrise de l'animal par la contrainte. L'heure est au cheval de guerre ou de tournoi, il doit être avant tout solide dans le combat.

Mais au XVIᵉ siècle, sous l'influence arabe remontant du sud de l'Europe, l'art équestre retrouve ses lettres de noblesse notamment grâce à deux Italiens : Federico Grisone, qui emploie une méthode parfois brutale à coups de cravache, et Cesare Fiaschi

Johann Georg de Hamilton, *Le Cheval pie Cebero ruant*, début XVIIIᵉ siècle.

qui préfère inciter le cheval à danser en musique, ouvrant la voie aux ballets équestres.

De l'autre côté des Pyrénées, Salomon de La Broue crée l'École française en faisant la promotion de la douceur, sans pour autant oublier que la domination du cheval symbolise toujours, pour le noble, la future maîtrise de ses troupes.

L'art équestre reste en effet un art militaire encouragé par les souverains comme Louis XIV qui ordonne la création d'un manège à Versailles et l'organisation de spectacles grandioses.

De plus en plus éloignée des contextes guerriers, l'équitation savante est critiquée au XIXe siècle pour sa proximité avec le cirque jusqu'à ce que la création à Saumur d'une école d'équitation et de son *Cadre noir* vienne lui rendre le prestige perdu.

« En avant, calme, droit » : comme dans les écoles de Vienne ou Jerez de la Frontera, c'est avant tout l'harmonie entre homme et animal qui est recherchée. On n'est cependant pas loin du ballet, notion que ne renierait pas Bartabas qui, depuis 1985 avec sa troupe Zingaro, a donné un nouveau souffle à l'art du dressage.

Antoine de Pluvinel (deuxième à gauche), second précurseur de l'école d'équitation française, après Salomon de La Broue.

Courbette du Cadre noir
exécutée à la main
par un écuyer.

Le Cadre noir, « l'école des Troupes à cheval »

« Il n'y a rien de plus beau que frégate à la voile, cheval au galop et femme qui danse. »
Honoré de Balzac, *Le Père Goriot, 1842.*

Eugène de Rastignac aurait pu ajouter : « que le cheval qui danse ».

Il suffit pour s'en convaincre d'assister à une des représentations du célèbre *Cadre noir* dont le nom est intimement lié à la ville de Saumur. C'est en effet là que Henri IV choisit de fonder une Université protestante comportant une académie d'équitation qui acquiert vite une belle réputation.

Au XVIIe siècle, au moment même où la cavalerie de Louis XIV se montre peu efficace sur les champs de bataille, monter à cheval devient un véritable art.

Le Cadre noir de Saumur.

Saumur finit par prendre le dessus sur les écoles rivales et à imposer ses méthodes.

Mais c'est au XIXe, avec la nécessité de former une nouvelle génération d'officiers de cavalerie, décimés par les guerres napoléoniennes, que la structure prend son envol grâce à la venue de formateurs civils.

Cela ne se fait pas sans querelles, notamment entre les deux grands écuyers le vicomte d'Aure et François Baucher. Pour l'un, il faut privilégier l'instinct et jouer sur le naturel du cheval, si possible en extérieur, pour obtenir des résultats rapides ; pour l'autre, on doit appréhender le dressage avec rationalité et privilégier l'observation scientifique dans un but artistique.

Leur successeur le général Alexis L'Hotte choisira finalement de faire la synthèse des deux doctrines, permettant ainsi à l'équitation, passée d'une activité militaire à une activité sportive et esthétique, de changer de statut.

L'excellence de cette école est aujourd'hui reconnue dans le monde entier comme le prouve l'inscription en 2011, par l'UNESCO, de l'Équitation de tradition française au patrimoine culturel immatériel de l'humanité.

Paul Morand, « Milady »

Vieil écuyer du Cadre noir, le commandant Gardefort va devoir se séparer de sa jument adorée, Milady :

> « Dans la cour vide, un cheval et un homme tournaient sans bruit, rasant les murs, et au pas, ce qui ajoutait au côté funèbre de cette promenade de prisonnier. Le cavalier raidi, contracté, se tenait droit, comme s'il se présentait devant Dieu. Sa monture, elle, baissait la tête, ayant complètement abdiqué, ayant remis sa volonté à une force supérieure. Le mouvement, d'abord large et d'un beau dessin, les actions au commencement soutenues, s'étaient détendues, et si la main restait moelleuse, l'habitude seule en était cause, car les jambes relâchaient leur étreinte. On eût dit qu'un même malheur les touchait, tant l'âme du cavalier semblait avoir passé dans le corps de l'animal.
>
> « Le commandant Gardefort montait Milady pour la dernière fois.
>
> « Il avait vendu la compagne de sa vie.
>
> « Milady avait compris. Pour la première fois, elle se laissait monter sans entrer en défense, sans garder pour elle aucune de ses forces. Elle s'abandonnait. »

Quelle bête de scène !

À la fois élégant et discipliné, le cheval ne pouvait échapper aux feux de la rampe. Habitué des parades en tous genres, il a aussi montré ses talents dans des spectacles simulant des actions plus guerrières : courses de chars, joutes médiévales, fantasias ou encore bouzkachi (sorte de polo afghan).

Il permet aux meilleurs cow-boys américains de faire admirer leur habileté lors des rodéos tandis que les cavaliers portugais ont à cœur de faire preuve de leur supériorité sur le taureau dans d'impressionnantes corridas en costumes XVIIIe siècle.

Parallèlement à ces spectacles traditionnels, c'est surtout sur les champs de courses que le cheval a trouvé sa place dans le monde sportif où il ne se contente pas de briller aux Jeux olympiques dès les premières épreuves, en 776 av. J.-C.

Délaissées au Moyen Âge où l'on préfère tournois et chasses à courre, ces compétitions ont été remises à la mode par Jacques Ier d'Angleterre, au XVIIe siècle.

D'abord courses de clochers, elles ne cessent de gagner en popularité au point de rapidement nécessiter la création de races particulières, de règles et de lieux dédiés.

En France, les hippodromes de Chantilly, Longchamp puis Vincennes ouvrent leurs portes au XIXe siècle, profitant de l'engouement des classes dirigeantes qui aiment s'y afficher.

Aujourd'hui largement démocratisée, la passion pour les courses est aussi la base de toute une économie reposant sur l'élevage et les paris.

Ayant désormais perdu dans une large mesure sa fonction « utilitaire », le cheval risque d'être cantonné au rôle d'accessoire de loisir, d'artiste de cirque voire d'animal de compagnie avec l'apparition des races naines. Mais cet intérêt pour le

« dada », transmis d'une génération à l'autre, devrait permettre de faire mentir Jules Renard qui affirmait que

> « Bientôt le cheval sera sur la terre quelque chose d'aussi étrange que la girafe. »
> *Journal,* 1925.

Le sulky, voiture hippomobile d'origine américaine.

De la race des champions

Entre le cheval et les Jeux olympiques, c'est une histoire d'amour millénaire puisque dès la création des premières épreuves, il est présent lors de différentes courses où quadriges, chars à deux chevaux et cavaliers seuls se confrontent.

Oubliée lors de la renaissance des jeux en 1896, à Athènes, l'équitation réapparaît brièvement à Paris en 1900 avant une nouvelle éclipse jusqu'en 1912. Ce sont alors les militaires qui

Concours de saut d'obstacle.

vont triompher pendant près de 40 ans puisque les épreuves n'ont été ouvertes aux civils (et donc aux femmes) qu'en 1952.

En individuel ou en équipe, chacun peut tester son habilité au saut d'obstacles, inspiré de la chasse au renard, au dressage hérité de la Renaissance et au concours complet, qui ajoute à ces premières difficultés un parcours de cross.

Sport d'équipe par excellence, où homme et monture ne forment plus qu'un, l'équitation a permis par exemple de collecter une douzaine de médailles d'or et de faire connaître de grands champions.

Pierre Jonquères d'Oriola obtient avec le saut d'obstacles la seule médaille d'or française des Jeux olympiques de Tokyo, en 1964 ! Cet exploit inespéré survenu à la dernière épreuve des Jeux va valoir à l'équitation, en France, un regain de popularité et lui obtenir ses lettres de démocratie.

On se souvient aussi de la victoire de Pierre Durand et Jappeloup en 1988. Des gagnants, on en trouve également sur les pelouses des hippodromes où les cracks d'aujourd'hui continuent à courir dans les traces d'Ourasi, « le roi fainéant », dont la décontraction apparente ne doit pas cacher les efforts physiques incroyables dont sont capables ces bêtes de concours.

« La complainte du petit cheval blanc »

Ce texte de Paul Fort fut mis en musique par Georges Brassens sous le titre *Le Petit cheval* (*La Mauvaise réputation*, 1952).

Le petit cheval dans le mauvais temps,
Qu'il avait donc du courage !
C'était un petit cheval blanc,
Tous derrière tous derrière,
C'était un petit cheval blanc,
Tous derrière lui devant.

Il n'y avait jamais de beau temps
Dans ce pauvre paysage,
Il n'y avait jamais de printemps,
Ni derrière, ni derrière.
Il n'y avait jamais de printemps,
Ni derrière, ni devant.

Mais toujours il était content,
Menant les gars du village,
À travers la pluie noire des champs,
Tous derrière tous derrière,
À travers la pluie noire des champs,
Tous derrière lui devant…

Sa voiture allait poursuivant
Sa belle petite queue sauvage.
C'est alors qu'il était content,
Tous derrière tous derrière,
C'est alors qu'il était content,
Tous derrière lui devant.

Mais un jour, dans le mauvais temps,
Un jour qu'il était si sage,
Il est mort par un éclair blanc,
Tous derrière tous derrière,
Il est mort par un éclair blanc,
Tous derrière lui devant.

Il est mort sans voir le beau temps,
Qu'il avait donc du courage !
Il est mort sans voir le printemps
Ni derrière ni derrière.
Il est mort sans voir le beau temps,
Ni derrière ni devant.

Paul Fort, Ballades du beau hasard – Lieds, complaintes, élégies, 1910.

Réponses du QUIZ (p. 31)

1-J : Jolly Jumper et Lucky Luke
Depuis 1946, on ne peut séparer le cow-boy solitaire de sa monture à la langue bien pendue. Elle doit sa robe blanche et sa crinière jaune au dessinateur Morris, mais c'est le scénariste René Goscinny que le « cheval le plus rapide de l'Ouest » peut remercier pour lui avoir donné un caractère bien tranché.

2-H : Bucéphale et Alexandre le Grand
C'est Bucéphale qui permit à Alexandre de faire reconnaître ses qualités d'homme d'exception : comprenant que le cheval indomptable était en fait terrorisé par son ombre, il le fit simplement tourner dans le soleil pour le calmer et ainsi l'apprivoiser.

3-E : Ourasi et Jean-René Gougeon
Ce couple de champions entra dans l'Histoire de l'équitation en emportant par trois fois la grande compétition du trot attelé, le Prix d'Amérique, entre 1986 et 1988.

4-N : Tornado et Zorro
Depuis 1919 et sa création par Johnston McCulley, le « renard » Zorro sait qu'il peut compter sur son cheval noir Tornado pour rendre la justice du côté de la Californie mexicaine.

5-C : Marengo et Bonaparte
Austerlitz, Iéna, Wagram, Moscou… Marengo, originaire d'Égypte, a été de tous les grands événements de l'aventure napoléonienne. Capturé à Waterloo, il finit plus tranquillement sa vie en Angleterre en 1832.

6-Q : Rossinante et Don Quichotte
Le pauvre étalon Rossinante, reconnaissable à la maigreur qu'il partage avec son cavalier, fut obligé de supporter Don Quichotte dans ses aventures les plus improbables.

7-M : Al-Bouraq et Mahomet
Monture traditionnelle des prophètes, Al-Bouraq est connu pour avoir conduit Mahomet de la Mecque à Jérusalem, avant de lui permettre de rejoindre le ciel. Il est souvent représenté avec une tête de femme et des ailes.

8-K : Arabesque et le caporal Blutch
Jument du caporal Blutch dans la bande dessinée *Les Tuniques bleues*, Arabesque partage avec son maître la peur des combats. Elle a d'ailleurs une fâcheuse tendance à perdre connaissance dès qu'elle entend le clairon de la charge de cavalerie !

9-I : Incitatus et Caligula
Écurie de marbre, mangeoire en ivoire… rien n'était trop beau pour le cheval favori de l'empereur Caligula ! Et pourquoi ne pas donner carrément à cet animal le titre de consul ?

10-A : Pégase et Bellérophon
Pégase avait tout pour connaître un destin singulier : fils de Poséidon, ce cheval aux grandes ailes blanches était né du sang de la Méduse. Avec le héros

Bellérophon, il va multiplier les exploits avant de devenir une constellation.

11-L : Jappeloup et Pierre Durand
Né en 1975, Jappeloup de Luze s'est fait connaître en remportant malgré sa petite taille de nombreuses compétitions de saut d'obstacles sous la conduite de Pierre Durand, palmarès couronné par la médaille d'or aux Jeux olympiques de Séoul en 1988.

12-O : Zingaro et Bartabas
Zingaro (*le Tsigane*, en italien) est le cheval le plus célèbre du théâtre du même nom créé par Bartabas, *alias* Clément Marty, en 1985.

13-D : Balamer et Attila
C'est sous les pieds de ce cheval que l'on disait guidé par les vents que l'herbe ne repoussait pas. On n'en attendait pas moins du compagnon du roi des Huns !

14-F : Khan et Mulan
Il fallait un cheval courageux et loyal pour s'engager aux côtés de la jeune Mulan contre les Huns : le sombre Khan est parfait dans ce rôle créé pour lui par les studios Disney en 1998.

15-G : Veillantif et le chevalier Roland
« Mais Veillantif, ils l'ont blessé en trente endroits, / Et sous le comte ainsi l'ont laissé mort » : c'est ainsi que dans la *Chanson de Roland* (IXe siècle) meurt Veillantif, quelque temps à peine avant son maître, à la bataille de Roncevaux.

16-B : Flicka et Ken
Ken, le jeune garçon un peu perdu, et Flicka, la pouliche sauvage, forment un duo attachant qui a rendu célèbre le roman de Mary O'Hara, *Mon Amie Flicka* (1941).

17-P : Vizir et Napoléon
Vizir a accompagné Napoléon de 1805 à son exil à Sainte-Hélène. On peut aujourd'hui rendre visite à ce petit étalon arabe dans les vitrines du musée de l'Armée à Paris.

18-R : Robin et Abraham Lincoln
Robin, aussi appelé « *Old Bob* » a accompagné Abraham Lincoln dans ses tournées durant sa carrière d'avocat. Son maître lui est resté attaché quand il a accédé à la présidence et, après son assassinat, le triste honneur de l'accompagner jusqu'à sa dernière demeure est revenu à « *Old Bob* ».

Couverture pour *L'Assiette au Beurre*, 10 juin 1905, numéro illustré par Nadar.

Crédit photographique

Alain Laurioux / Wikimedia commons: 55; Bibliothèque nationale de Madrid: 33; BNF (DR): 16b, 20, 29; British Museum (DR): 42; Carole Raddato / Flickr: 15; Carole Raddato / Wikimedia commons: 27; Centre minier de Faymoreau: 47; Claude Shoshany / Wikimedia commons: 49; Claude Valette / Wikimedia commons: 4; coll. Bureau of Medicine and Surgery, Department of the Navy, Hohum / Wikimedia commons: 38; coll. part.: 21, 46, 53, 54, 63; coll. Quai Branly / DR: 34b; DcoetzeeBot / Wikimedia commons: couverture; Didier Aires / Pixabay: 59; Gallica / DR: 12; George E. Koronaios / Wikimedia commons: 8; Gérard Gregor: 52, 56; Hohum / Wikimedia commons: 36; Ian and Wendy Sewell / Wikimedia commons: 26b; Jastrow / Wikimedia commons: 7; Jebulon / Wikimedia commons: 40, 43h; John Lee (Nationalmuseet) / Wikimedia commons: 18; LOC: 32, 34h; London British Library / DR: 24; Mairie de Bayeux / Wikimedia commons: 28; Musée Carnavalet / DR: 48; Musée des civilisations anatoliennes (Ankara) / DR: 26h; Musée Fragonard (École nationale vétérinaire d'Alfort) / DR: 22; Musée Guimet: 6; Numelyo: 44, 58; Pixabay: 9; pxfuel: 16h; PxHere: 60; Sailko / Wikimedia commons: 35; Sandstein / Wikimedia commons: 43b; Société des Amis des Haras Nationaux: 61; Thesupermat / Wikimedia commons: 19; Tsaag Valren / Wikimedia commons: 51; Wikimedia commons: 10.

Conception de l'ouvrage

Impagin'

Achevé d'imprimer en janvier 2021
14110 Condé-en-Normandie (14)
sur les presses de Corlet.
Numéro d'imprimeur : 21010242

Dépôt légal : décembre 2020.